HOFFNUNGSSCHIMMER

Gedichte von
Ehrenfried Winkler
2018

*Mit einem großen, lebendigen, aktiven
und öffentlichen Glauben können wir
aus dem Berg der Verzweiflung einen
Stein der Hoffnung heraushauen.*

Martin Luther King

INHALT

Zum Geleit 6

1. WAS TRÄGT UND UNS PRÄGT 7
Beständigkeit 8
Immer dann 9
Licht der Welt 10
Hoffnungsschimmer 10
Sonntags 11
Einsichten 12
Zeitanlage 13
Suchen und Finden 14
Schritte 15
Ehrfürchtiges Staunen 16
Gott bleibt dir immer nah 17
Fürchte dich nicht 18
Im Licht der Ewigkeit 19
Reformation 20

2. WAS NAH IST UND WAS FERNE 21
Pilze 22
Moos und Moose 23
Stangenbohnen 25
Herbst 26
Zivilcourage 27
Internets positive Seite 28
Musik 29
Meeresbrausen 30
Geräusche 31
Kopf hoch 33
Regenwolken 34
Regenbogen 35
Regentropfen 36
Die Pfütze 37

Der Fluss 38
Auf Reisen 39
Seht ihr den Mond dort stehen 40

3. WAS APHORISMEN VERKÜNDEN 41
Aphorismen, Phantasie, Gleichgewicht 42
Sympathie, Empathie 43
Bescheidenheit, Zufriedenheit, Vertrauen 44
Hunger, Durst, Schlaf 45
Zufall, Grübeln, Schatten 46
Gewitter, Naturkatastrophen, Lichtblicke 47
Batterien, Bürokratie, Ärger 48
Gebote der Bibel, Die Frage nach Gott, Der
Himmel steht uns offen, Ehrfurcht 49

4. WAS BEI TIEREN ERSTAUNT 50
Von Regenwürmern 51
Libellen 52
Spatzen 53
Der Kuckuck 54
Schafe 55
Hunde 56
Petri Heil 57
Katz'- und Mausespiel 58
Tierische Redensarten 60

5. WAS HEIßT „SCHREIB MAL WIEDER" 61
Wortgebinde 62
Mit freundlichen Grüßen 63
Glück und Segenswünsche 64
Schreib mal wieder 65
Zwischen den Zeilen 66
Amtsdeutsch 67
Postleitzahlen 69
So oder so, Geschichten und Gedichte 70

6. WAS BLEIBT – BEWAHREN, LOSLASSEN 71

Was bleibt ....„.................. 72

Buch des Lebens 73

Altersweisheit 74

Fortschritt hieße 75

Loslassen 76

Stopp 77

Kerzen, die still niederbrennen 78

Nicht nur in der Weihnachtszeit 79

Am Ufer 80

Umsonst 81

Verborgene Zukunft 82

Altjahresabend 2017 83

Quelle des Lebens 84

Gedanken zur Jahreslosung 2018 85

ZUM GELEIT

Meinen bisher erschienenen Gedichtbändchen folgt nunmehr ein weiteres mit dem Titel „Hoffnungsschimmer". Die darin enthaltenen - zum großen Teil neuen Texte - sind ein Spiegel der vergangenen, bewegten Jahre. Die sowohl im persönlichen Umfeld als auch in der Völkerwelt eingetretenen Veränderungen führten zu großen Unsicherheiten, Respektlosigkeiten und Ängsten. Der Wunsch und die Suche nach Orientierung breiten sich weithin aus und enden manchmal sogar in einer Hoffnungslosigkeit. Diese stellt für den Einzelnen und die gesamte Bevölkerung eine bedenkliche Situation dar, die eine positive Wandlung verdient.

Dass die biblischen Grundregeln und die Botschaft christlichen Glaubens dabei eine Rolle spielen, kommt in einigen der hier veröffentlichten Texte zum Ausdruck. Die daneben beschriebenen Alltagsbegebenheiten ergänzen in lockerer Folge mehr oder weniger diese Thematik.

Mögen diese Hoffnungsschimmer erfahrbar werden und sich zu strahlendem Licht hier und da erweitern, um der gespaltenen Welt wieder zur Besinnung zu verhelfen.

An dieser Stelle gebührt ein besonderer Dank meiner Enkeltochter Katharina Rothe für die digitale Aufbereitung meines Manuskriptes.

E. W.

1. WAS TRÄGT UND UNS PRÄGT

BESTÄNDIGKEIT

Ein neuer Tag, ein neues Jahr,
gleicht selten dem, was vorher war.
Insofern hat nur das Bestand,
was fruchtbar wie ein Stückchen Land
verfügbar ist für neue Saat,
mit neuer Kraft und frischer Tat.
Im „Stirb und Werde" insgeheim
steckt für das Neue schon der Keim,
der stilles Werden in sich trägt,
durch Hoffnung und Geduld geprägt.

IMMER DANN...

Immer dann, wenn Gott geleugnet,
wenn sein Wort verspottet wird,
Jesus Christus nicht bezeuget
und ein Volk sich drum verirrt.
Wenn Gebote nicht mehr gelten,
die uns Gott als Regeln gab,
Menschen miteinander schelten,
geht es bald bergab im Trab.
Denn sein Wort an vielen Stellen
zeigt den Weg zum Ziel im Licht,
wo es deutlich zu uns spricht:

„Ich bin der Weg und die
Wahrheit und das Leben,
niemand kommt zum Vater
denn durch mich."

(Joh. 14, 6)

LICHT DER WELT

Das Licht der Welt in Jesu Christ
ein wahres Heil für alle ist,
die ihm zu folgen sind bereit
bis in des Herren Ewigkeit.

HOFFNUNGSSCHIMMER

Hoffnungsschimmer –
am Horizont in der Ferne,
heller als ringsum die Sterne.
Dort öffnet sich langsam ein Spalt
der Tür, die verschlossen galt.
Was Hoffnung sanft bewegen kann,
fängt oft mit einem Schimmer an.

SONNTAGS

Ich höre von Braven –
        mal auszuschlafen –
von Töchtern und Söhnen –
        dem Hobby zu frönen –
von nicht allzu Vielen –
        mit den Kindern zu spielen –
von Schülern bemängelt,
        dass Schule sie gängelt –
von Freunden, der Garten
        sei ständig zu warten –
von Hausmannspflichten,
        die zu verrichten –
vom Thema der Andern,
        die radeln und wandern –
von Jungen und Alten –
        gesund sich erhalten.
Um nicht nur zu gammeln,
        irgendwas sammeln.
An Kranke zu denken,
        Zeit ihnen schenken.

Der Dinge sind viele, lockende Ziele
wollen uns binden, kaum Ruhe zu finden,
auch Zeit für den Einen, der einst für die Seinen
den Sonntag* erdachte, dass jeder drauf achte,
Gott Dank zu erweisen, ihn loben und preisen.

2. Mose 23, 12

EINSICHTEN

Jede Herde braucht den Hirt',
wie das Gasthaus einen Wirt.
Arbeit wird zurecht entlohnt,
Miete zahlt, wofür man wohnt.
Förster pflegen ihr Revier,
Pianisten das Klavier.
Kindern gebt Geborgenheit,
ohne Stress und ohne Streit.
Jeder Mensch in Stadt und Land
wünscht die ausgestreckte Hand
eines Menschen, der mit Herz
ihn begleitet himmelwärts.
Alles hat so seine Zeit,
das gilt selbst für Freud und Leid
und die Frage nach dem Sinn,
wie das Leben fernerhin,
was ans Herz uns Gott gelegt
und sein Wille still bewegt.
Erst am Ziel wird offenbar,
was doch gut und richtig war.

ZEITANLAGE

Füreinander Zeit zu haben,
für dein Kind ganz da zu sein,
braucht es keine großen Gaben,
lass es in dein Herz hinein.

Füreinander Zeit gewinnen,
für die Frau und für den Mann,
auch im Alltag darauf sinnen,
wie man Freude schenken kann.

Für den Nächsten Zeit sich nehmen,
seine Lage zu versteh'n,
ohne Zögern sich bequemen,
mit ihm ein Stück Weges geh'n.

Füreinander Zeit sich lassen,
ob es dunkel oder licht,
und was dran ist anzufassen,
gibt dem Tag erst sein Gewicht.

SUCHEN UND FINDEN

Die altbekannten Kinderfragen:
Zu wissen, was dahintersteckt,
sind von den Großen zu ertragen,
damit ein Kind die Welt entdeckt.
Doch späterhin zeigt die Erfahrung,
was aus dem Umfeld sich ergibt,
dazu auch manche Offenbarung,
die man erlebt, verwünscht und liebt.
Die Suche nach den eignen Wegen,
Geborgenheit und einen Halt,
ist weitaus schwieriger dagegen
und nicht erreichbar mit Gewalt.
Vertrauen und das Selbst-Sichmühen
im Glauben an des Schöpfers Plan,
lässt kurze Feuer rasch verglühen,
zeigt Türen, die sich aufgetan.
Den Sinn vom Ganzen zu ergründen
in Dankbarkeit auch für das Glück,
Zufriedenheit trotz allem finden –
gleicht fast schon einem Meisterstück.

SCHRITTE

Auf kleinen Füßen stehen
ist schon ein großes Fest,
die ersten Schritte gehen –
ein absoluter Test.
Mit weitaus größ'ren Schritten,
im Eifer, auch im Zorn,
stürmt Jugend unbestritten
fast kämpferisch nach vorn.
Die Mode vorzuzeigen
mit eingeübtem Schritt,
wie bei des Tanzes Reigen,
erweist man sich noch fit.
Nach vorn sind ausgerichtet
die Schritte dieser Welt,
und jeder scheint verpflichtet,
dass er sich daran hält.
Doch einmal stehen bleiben,
bedenkend das Gescheh'n,
das Bleibende beschreiben,
gibt Kraft zum Weitergeh'n.
Vom Rande bis zur Mitte,
so nah und doch so fern,
bereiten Glaubensschritte
den Weg zu Gott – dem Herrn.

EHRFÜRCHTIGES STAUNEN

Jenseits aller üblen Launen
weckt ein ehrfurchtsvolles Staunen
ungeteilte Sympathie
für ein würdiges Genie,
das den Wissensstand ergänzt
und durch seine Weisheit glänzt.
Doch der Schöpfer will uns lehren:
Kleines wie das Große ehren.
Er hat für's Zusammenleben
wache Sinne uns gegeben.
Gottes Weisheit hoch zu preisen,
Dank, Verehrung ihm erweisen

GOTT BLEIBT IMMER NAH

An den dunk'len Tagen
lauern vor der Tür
viele off'ne Fragen
und bereiten mir
sorgenvolle Nächte,
da kein End' zu seh'n
und ich wissen möchte,
wie wird's weiter geh'n.
Hilfen, die gegeben,
stehen zwar bereit,
doch getrennt daneben
läuft davon die Zeit.
Bis ein Hoffnungsschimmer
einen Weg beschreibt,
und Vertrau'n wie immer
noch erhalten bleibt.
Was sich glücklich fügte.
unverhofft geschah,
danke, weil's genügte –
Gott ist immer da.

FÜRCHTE DICH NICHT

Was glücklich sich fügte,
jeweils genügte
sich zu bescheiden
in Freuden und Leiden.
Unheil ertragen,
schmerzende Fragen.
Durch Handeln indessen
nach eig'nem Ermessen
ergab Stück um Stück
ein Mosaik.
Im Licht und Schatten
das Ganze versteh'n,
auch beim Ermatten
an Gottes Hand geh'n.
Im „Hier" und dem „Jetzt",
bis das Ende er setzt
und wiederum spricht:
„Fürchte dich nicht." *

In Anlehnung an Jesaja 43, 1:
„Fürchte dich nicht, denn ich habe dich erlöst:
Ich habe dich bei deinem Namen gerufen, du
bist mein."

IM LICHT DER EWIGKEIT

An off'nen Gräbern stehend,
umringt von Endlichkeit,
dem eig'nen Weg nachgehend –
geschenkter Lebenszeit –
von der niemand kann sagen,
wie viel davon verbleibt,
wovon an manchen Tagen
das Buch des Lebens schreibt.
Vertrauend Gottes Spuren
und seinem ew'gen Wort,
die programmiert wie Uhren
im Hier, so auch im Dort,
will er barmherzig handeln,
schenkt Trost, Geborgenheit,
um Not und Tod zu wandeln
im Licht der Ewigkeit.

REFORMATION

(500 Jahr lang schon)

Des Evangeliums Lehre:
Nur Gott allein die Ehre –
ward Luther zum Bekenntnis
als biblisches Verständnis.
Was er darüber dachte
und schrieb – viel Streit entfachte.
Betend um Klarheit ringen,
Zweifel ehrlich bezwingen,
Lügen offen benennen,
zum Wort sich bekennen,
kämpfen, auch unterliegen,
dennoch mit Worten siegen,
sprechen und Sprache finden,
sie an die Wahrheit binden.
Umkehr ohne zu bangen,
Glaubensfreiheit erlangen.
Schmerzliche, tiefe Spaltung
sucht versöhnliche Haltung.
Eigene Schuld abladen,
glaubend: „Allein aus Gnaden",
immerwährende Bitte –
Christus bleib' uns're Mitte,
dass wir in Gottes Namen
zu IHM gehören – Amen.

2. WAS NAH IST UND WAS FERNE

PILZE

Unsichtbar und still verborgen
wächst das Pilzgeflecht heran,
bis an einem frühen Morgen
Pilze man entdecken kann,
die ans Licht nach oben drängten,
aus dem Wurzelparadies
und sich durch den Boden zwängten,
ihrem Untergrundverlies.
Würmer schätzen sie als Speise,
fallen über sie schnell her,
auch der Mensch – gar körbeweise –
sucht im Walde kreuz und quer.
Farbenfroher Wechselreigen,
Artenreichtum – in Gestalt
eindrucksvoller Hüte – zeigen
sich auf Wiesen und im Wald.
Pilze, die zum Essen taugen,
jedes Sammlerherz entzückt,
doch dazu braucht's Kenneraugen,
dass man keinen gift'gen pflückt.
Als Vertreter dieser Sparte
warnt der Fliegenpilz mit „Rot",
er gehört zur gift'gen Garde,
mahnt mit dem „Tabu-Gebot".

MOOS UND MOOSE

Überall im Wald und Fluren
fühlen Moose sich zu Haus,
Pflänzchen – ungezählte Spuren –
breiten sich am Boden aus.
Kriechen auf Beton und Steine,
selbst auf Bäume hoch und rund,
halten sich von ganz alleine
fest auf jedem Untergrund.
Fünfundzwanzigtausend Arten
sind seit dem Karbon[1] bekannt,
ihre stamm- und blätterzarten
Pflänzchen hielten allzeit stand.
Dass sie Regenwasser speichern,
kommt auch anderen zugut',
wie dem Wald, den sie bereichern
und befeuchten – absolut.
Nun sind Moose vorgedrungen
bis zum Rasen hinterm Haus,
haben mit dem Gras gerungen,
machen ihm bald den Garaus.
Weil das Gras langsam verschwunden –
was ist wohl der wahre Grund?
Wird's mit Düngekalk verbunden,
doch das jammert selbst den Hund.

Nicht der Boden nur ist sauer,
auch der Mensch empfindet Frust,
wenn er nachsinnt, mal genauer,
fühlt er sich gar schuldbewusst?
Wie ist jedoch zu verstehen,
wenn konträr das Sprichwort scheint:
("ohne Moos – nichts los")
Dabei wird ja übersehen,
dass hier „Moos"[2] die Münze meint.
Moos und Moose sind vonnöten,
beide haben ihren Sinn.
Keiner braucht drum zu erröten,
sieht er dieses als Gewinn.

[1] Karbon: Geologisches Zeitalter vor 360 – 300 Mio. Jahren
[2] Moos bedeutet im Hebräischen kleine Münze = Geld

STANGENBOHNEN

Beim Stecken einer Stangenbohne,
damit die Arbeit sich auch lohne,
muss man paar gute Stangen finden
und sehr geschickt zusammenbinden,
damit die Pflanze später dann
an diesen Stäben klettern kann.
Es dauert auch gar nicht sehr lange,
bis jede dieser Kletterstange
begrünt ist bis nach oben,
umrankt und dicht verwoben,
mit zarten Blüten noch versehen,
weshalb Insekten Schlange stehen.
Nach der Befruchtung sich zu dehnen,
recht lang zu werden, sie sich sehnen.
Von Buschbohnen, den nahen Vettern –
trennt sie das Vorrecht: Hochzuklettern.

So unentbehrlich wie die Stangen,
an denen grüne Bohnen hangen,
sind auch im Leben manche Stützen,
die uns beim Reifen hilfreich nützen.

HERBST

Die Schwalben flogen längst nach Süden,
noch strahlt der Blumen Blütenpracht,
wo Lagerfeuer knisternd glühten,
umhüllt das Tal nun dunkle Nacht.
Eichhörnchen sammeln Haselnüsse
als Vorrat für den Winter ein,
auch Menschen ziehen ihre Schlüsse,
doch fürchten sie das Einsam sein.
Der Wind bläst über Stoppelfelder,
sofern sie nicht schon umgepflügt,
und nach und nach wird es auch kälter,
wohl dem, der Unvermeidlichem sich fügt.
Gedankt wird für den Erntesegen,
für alles, was uns ward zuteil,
für Sonnenschein sowie den Regen,
für Frieden, Freiheit – uns zum Heil.
Wo Hass und Krieg die Menschen trennen,
die hungern und zugrunde geh'n,
muss Mitgefühl und Liebe brennen
im „tatkräftig zur Seite steh'n".

ZIVILCOURAGE

Ein Lehnwort als besorgte Bitte
rückt jetzt in aller Munde Mitte.
Da es aus Frankreich ward entlehnt,
woran wir Deutschen uns gewöhnt,
klingt es französisch nach wie vor,
als Einzelstimme wie im Chor.
Beherztheit – gleich Zivilcourage –
scheint transparente Wortmontage.
Hier wird in Deutsch das Herz genannt,
das nur mit Mut und mit Verstand,
also beherzt die Not erkennt,
dem Schwachen hilft, Unrecht benennt.
Gewaltlos, aber ohne Rache,
wird die Courage zur Herzenssache,
die Gutes wirkt und Angst vertreibt,
wo sie nicht mehr ein Fremdwort bleibt.

INTERNETS POSITIVE SEITE

Das Lexikon im ganzen Land
galt immer schon als der Garant,
in dem Gesuchtes klipp und klar
mit Sicherheit zu finden war.
Beim Blättern nach geraumer Zeit
stand das Gewünschte dann bereit
und grub sich ins Gedächtnis ein
als neu entdeckter Meilenstein.
Weil oft viel Zeit am Suchen hängt,
ward's Lexikon nunmehr verdrängt.
denn diese Rolle spielt komplett
dagegen heut' das Internet.
Als Wissensspeicher aktuell
bedient es ausnahmslos und schnell.,
sodass selbst mancher Pessimist
dabei sein Vorurteil vergisst.
Erfolgreich nutzt er das Parkett
im Angebot vom Internet.
Da er von ihm auch profitiert,
nun seine Meinung korrigiert:
Nicht jede Neuigkeit ist schlecht,
das Gute kommt zu seinem Recht.

MUSIK

Grenzenlos – ein Gütezeichen –
kaum, dass man sich kennt noch sieht,
selten gibt es ihresgleichen –
die Musik als Bindeglied
zwischen Kleinen und den Großen,
zwischen Arm und zwischen Reich,
wie auch für die Arbeitslosen,
für Musik sind alle gleich.
Mal sind's schlichte Melodien,
die man sich leicht merken kann,
große Werke, Sinfonien
ziehen oft in ihren Bann.
Viele Chöre, frohe Lieder
stehen in der Hörer Gunst,
Beifall zeigt es immer wieder,
hochgeschätzt wird diese Kunst.
Selbst die Straßenmusikanten
spielend beim Vorübergeh'n –
abgeseh'n von Dilettanten –
bitten um ein „Danke schön".
Daher kann beim Musizieren –
wer die Sache recht besieht –
jeder durchaus profitieren
mit Musik als Bindeglied.

MEERESBRAUSEN

Das Brausen des Meeres,
die Stille der Berge –
sichtbare Zeichen
des Herren Werke –,
die er so wunderbar gemacht
und bis ins Kleinste hat erdacht.
Wie alles ineinander greift,
beständig zur Vollendung reift,
dass Herz und alle Sinne
halten in Ehrfurcht inne,
den Schöpfer hoch zu preisen,
ihm Lob und Dank erweisen.

GERÄUSCHE

Geräusche an verschied'nen Stellen
sind ausgemachte „Ärger-Quellen".
Wo sie die Hörorgane quälen,
sind unter Lärm sie aufzuzählen.
Das Hämmern, Sägen und das Bohren
berühr'n das Herz entlang der Ohren.
Von Bauarbeiten ganz zu schweigen,
die zweischichtig vorm Hause zeigen,
was neue Technik heute meistert
und jedermann hellauf begeistert.
Bewohner müssen's still ertragen,
nach Lärmschutz nur bescheiden fragen.
Freiwillig und ganz ohne Zwänge
hörn Tausende auf Techno-Klänge,
die unaufhörlich sie beschallen
und oft nach Tagen erst verhallen.
Als Ohrenschmaus und als Offerte
empfehlen sich dezent Konzerte,
die Opern und die Operetten,
der Chöre mancherlei Facetten,
deren harmonisch, bunte Weisen
das kulturelle Erbe preisen.
Wo sich Insekten munter tummeln,
erinnert uns das leise Brummeln.

Der Vögel Zwitschermelodien
sind artgemäße Sinfonien,
wie das Geflüster alter Bäume
im Winde sich wiegender Träume.
Doch nicht zuletzt im eignen Hause
ergibt sich kaum 'ne Ruhepause:
Gut vernetzt sich informieren,
Aktuelles debattieren,
über Späße sogar lachen,
wenig sinnvoll, sich verkrachen.
Wortsalat etwas sortieren,
sollt' in Ruhe man probieren,
schließlich als Geschenk benennen:
    Hören zu können!

KOPF HOCH

Fußgänger im Stadtverkehr
laufen blindlings hin und her
mit dem Smartphone vorm Gesicht,
grad so, als wär's eine Pflicht,
sich vom Handy nicht zu lösen,
mit ihm durch die Gegend dösen.
Viele Ampeln überseh'n,
samt dem übrigen Gescheh'n.
Wo Passanten sie anrempeln,
möcht' man sie zum Rowdy stempeln.
Ihr Verhalten ist fatal,
denn es steigt die Unfallzahl*,
und mit dem gesenkten Kopf
läuft Gefahr manch armer Tropf.
Diesen Missstand abzubau'n
hilft nur eins: „Nach vorne schau'n".
   Kopf hoch! Smombies.

*In Honolulu auf Hawaii (USA) wurde deshalb
ein Bußgeld von mind. 35 Dollar für den
gesenkten Fußgängerblick eingeführt.*

REGENWOLKEN

Wolken – mal ganz ehrlich –
sind doch unentbehrlich.
Mit gesättigt feuchter Fülle
schweben sie als große Hülle
ost- und westwärts nach Belieben,
ganz allein vom Wind getrieben,
transportieren schwer beladen
feuchte Luft zu allen Staaten.
Doch im Kreislauf ziemlich munter –
Wasser rauf und Wasser runter –
sind die Wolken, was erklärlich,
als Transporter unentbehrlich.
Was den Meeren sie entziehen
ist nur kurze Zeit geliehen,
da sie ihren äußerst nassen
Inhalt wieder fallen lassen
auf die trock'ne Mutter „Erde",
dass sie feucht und fruchtbar werde.
Dann wird lang ersehnter Regen
in der Tat zu wahrem Segen.

REGENBOGEN

Eben fiel noch Regen nieder
aus der dichten Wolkenwand,
Sonnenstrahlen brachen wieder
kurz hindurch auf's nasse Land.
Farbenfroh zeigt sich ein Bogen
schwerelos am Himmelszelt,
der nach kurzer Zeit entflogen –
lautlos – wie er hingestellt.
Was der Schöpfer einst erdachte, *
was er schuf und noch erhält,
zeichenhaft uns nahe brachte,
Wunder seiner schönen Welt.

siehe auch 1. Mose 9, 13 - 17

REGENTROPFEN

Von den Regentropfen allen,
die aus einer Wolke fallen,
dringen viele in die Erde,
dass sie feucht und fruchtbar werde.
Doch auch an den Fensterscheiben
wollen ein paar hängen bleiben.
Neugierig sind diese Tropfen
und gewillt auch anzuklopfen,
um zu sehen, ob dahinter
große Leute und auch Kinder,
Regen lieben oder scheuen,
sich gar ärgern oder freuen.
Denn der Mensch ist sehr empfindlich,
wetterwendisch, unergründlich.
Unbeeindruckt – uns zum Segen –
wechseln Sonne, Wind und Regen,
die des Schöpfers Weisheit preisen
und auf seine Güte weisen.
Regentropfen ohnegleichen
werden so zum „Gütezeichen".

DIE PFÜTZE

Nach einem starken Regenguss
blieb ich zurück als Pfütze.
Ob jemand sich drum ärgern muss,
weil ich ja keinem nütze?
Da kommt ein Bub' des Wegs daher
mit kindlichem Verlangen,
denkt nicht lang nach und freut sich sehr
mit mir was anzufangen.
Er wirft in mich gleich einen Stein,
wobei ich ihn bespritze,
dann springt er selbst in mich hinein
und jubelt: „Das ist spitze!".
Durch diesen Bub' wird mir nun klar,
dass ich als kleine Pfütze
für ihn ein Freudenspender war
und somit doch was nütze.

DER FLUSS

Wo der Bach entspringt der Quelle,
sucht sich seinen Weg der Fluss,
schafft ein Bett stets im Gefälle,
unterstützt vom Regenguss.
Sich vertiefend und verbreiternd
quer durch Wälder und die Flur,
nicht an Hindernissen scheiternd,
zieht er weiter seine Spur.
In der Ebne angekommen,
aufgehalten, angestaut,
wird dem Wasser Kraft entnommen,
Ufer werden ausgebaut.
Erst am Ziel der weiten Reise
endet dieses Stromes Lauf
und das Meer auf seine Weise
nimmt ihn ohne Zögern auf.
Von der Quelle bis zur Mündung
rastlos, willens fortbewegt,
denn die fließende Empfindung
ein Geheimnis in sich trägt.

AUF REISEN BLICKT MAN WIE BEKANNT – AUCH ÜBER'N EIGNEN TELLERRAND

Wer möchte nicht auf Reisen geh'n,
um aus der Nähe selbst zu seh'n,
was er bisher aus Büchern kennt
und jeder Katalog benennt.
Ob in der Nähe oder fern,
mit Gruppen, aber auch intern,
auf Reisen blickt man wie bekannt
auch über'n eignen Tellerrand.
Dies gilt nicht für die Speisen nur,
auch für Geschichte und Kultur,
welch' Religionen gibt's vor Ort,
was zeigt die Kunst, wie treibt man Sport,
verläuft der Alltag ohne Hast?
Was denkt man über mich, den Gast,
der ihre Gastfreundschaft hoch schätzt,
des Andern Würde nicht verletzt. *(hoffentlich)*
So manche Trennungsschranke weicht,
wo Menschen sich die Hand gereicht.
Daheim dann wieder wie gewohnt,
denkt man zurück: Hat sich's gelohnt?
Bereichert und mit weitem Blick
macht es vielleicht auf einmal klick!
Was Heimat heißt, ganz neu versteh'n,
mit andern Augen sie zu seh'n.

SEHT IHR DEN MOND DORT STEHEN

Seht ihr den Mond dort stehen,
wie Claudius von ihm sang.
Sein Auf- und Untergehen
erstaunt ein Leben lang.
Still zieht er seine Bahnen
der Erde zugetan,
was nur entfernt zu ahnen,
treu nach des Schöpfers Plan.
In Dunkelheit beschienen,
vom Sonnenlicht besonnt,
kann er des Nachts uns dienen
als Licht am Horizont.
Beim Wechsel seiner Fülle,
wenn zu- und ab er nimmt,
ist nur ein Teil der Hülle
vom Licht für uns bestimmt.
Wir kennen seine Phasen
und die Beständigkeit,
die stimmig gleichermaßen
verbinden Raum und Zeit.
Der Mond wie alle Sterne
als Wunder der Natur,
hier und in weiter Ferne
bezeugen Gottes Spur.

3. WAS APHORISMEN VERKÜNDEN

APHORISMEN

Geistreicher, knapp formulierter Gedanke,
der eine Lebensweisheit vermittelt.

(Der Duden, 26. Auflage – 2013)

PHANTASIE

Das Phantasie – Gedankenspiel –
Unmögliches zu fassen,
muss später es jedoch am Ziel
beim „Möglichen" belassen.

GLEICHGEWICHT

Das Gleichgewicht der Waage
ist Zweck und Ziel.
In mancher Lebenslage
läuft dieses Spiel
im Zu- und Wegzulegen,
was etwa stört
und als Ballast dagegen
nicht hingehört.
Die Antwort dieser Frage
gibt's Zünglein an der Waage.

SYMPATHIE

Sympathie kennt keine Hiebe,
ist auch keine Nächstenliebe.
Wohlgefällig, zugeneigt,
sie sich halt sympathisch zeigt.
Unverbindlich, ohne Zwänge,
ohne Lärmen und Gedränge,
nicht auf Dauer angelegt,
wo sich Sympathie bewegt,
gar ins Gegenteil umschlägt.

EMPATHIE

Mitgefühl, sich zu versetzen
in des Andren Not und Pein,
ohne dabei zu verletzen,
innerlich ein Halt zu sein,
ist der Empathie zu eigen,
unauffällig wird's getan,
und die weit'ren Schritte zeigen
Nächstenliebe – meist spontan.

BESCHEIDENHEIT

Eine dieser guten Seiten
ist als Mensch sich zu bescheiden.
Wünsche und gesteckte Ziele,
wie das Ordnen der Gefühle,
hinterlassen dennoch Ängste,
die im Stillen fragen „Denkste?".
Bleib bei der Bescheidenheit,
ohne Geltungssucht und Neid.

ZUFRIEDENHEIT

Frieden als die große Bitte
steht in dieses Wortes Mitte.
Frieden mit sich selbst zu haben
ist das Herzstück vieler Gaben,
die auch andren unbenommen
irgendwie zugutekommen.

VERTRAUEN

Vertrauen festigt als Garant,
was nah und fern noch unbekannt.
Die volle Wahrheit führt zum Bund
mit unerschütterlichem Grund.
Wenn man nur wenig davon sieht,
Vertrau'n geschieht.

HUNGER

Wer Hunger je erlebte
und in Gefahren schwebte,
besitzt ein scharf' Gewissen
und dankt für jeden Bissen,
hilft denen, die in Not,
im Kampf ums täglich Brot.

DURST

Der Durst als ein Bedürfnis
führt gar zu 'nem Zerwürfnis
bei denen, die's nicht lösen
zwei Liter einzuflößen.
Wo Alkohol im Spiel,
die trinken meist zu viel.
Den Wissensdurst in Ehren
sollt' keiner dir verwehren.

SCHLAF

Bei Kindern heißt es „brav",
wenn sie in ihrem Schlaf
sich lange ruhig verhalten,
so wünschen sich's die Alten,
die besser schlafen würden,
wenn Sorgen sie und Bürden
bewusst ablegen würden.
Hat's einer mal verschlafen,
droht ihm nicht gleich mit Strafen.

ZUFALL

Zufall – Überraschungszeiten –
allgemein nicht eingeplant –
ihren eignen Weg beschreiten,
den vorher auch niemand ahnt.
Statt Verknüpfung nachzuweisen,
aufzuklären das Geschick,
sollt' man Zugefall'nes preisen,
der geheimen Fäden Tick.

GRÜBELN

Zu den vielseitigen Übeln
zählt das aufreibende Grübeln,
das total gefangen nimmt,
die Gedankenwelt bestimmt.
Grübeln dennoch abzubauen:
Tätig sein – nach oben schauen.

SCHATTEN

Unvermeidlich hinterm Licht
lauert schon ein Schatten
mit verborg'nem Angesicht
ruft er leis „gestatten".
Das Licht verdrängt mein Ehrgefühl,
mein ganzer Stolz ist's Schattenspiel:
Gegenseitig ergänzen
und miteinander glänzen.

GEWITTER

Wenn sich Gewitter entladen
mit heftigem Schaden,
für Mensch und Natur,
mahnt deren Spur:
Wie klein der Mensch doch ist,
was er sehr leicht vergisst.

NATURKATASTROPHEN

Naturkatastrophen gab's immer,
doch spürbar werden sie schlimmer.
Wir haben Natur missachtet,
den eigenen Vorteil betrachtet.
Die Erde ist nicht unser Eigen,
sie wird's uns schon noch zeigen.

LICHTBLICKE

Lichtblicke wirken als Hoffnungsschimmer,
leuchten heller als kurzes Geflimmer,
zeigen am Tunnelende
den Anfang einer Wende.

BATTERIEN

Nicht wegzudenken als Symbol
steht sie als Stromersatz – Idol –
mit aufgelad'ner Energie –
fast überall – die Batterie.
Leis' wird sie sich entladen,
zur Unzeit – dir zum Schaden.

BÜROKRATIE

Bürokratie – von Menschen gemacht –
hat manchen schon um den Schlaf gebracht.
Sie per Gesetz zu verbieten,
wäre ein Beitrag zum Frieden.

ÄRGER

Ins Mark manch' Worte dringen,
die unversöhnlich klingen.
Wird die Bedrängnis stärker,
erwächst aus „arg" schnell Ärger.
Um diesen nicht zu steigern,
versuch dich zu verweigern.

GEBOTE DER BIBEL

Würden die Völker bereit sein zu streben,
nach den Geboten der Bibel zu leben,
dürft's keine Kriege mehr geben.

DIE FRAGE NACH GOTT

Die Frage nach Gott
erntet viel Spott.
Er lässt dies auch zu,
doch nicht mehr in Ruh'.

DER HIMMEL STEHT UNS OFFEN

Im Glauben und durch Hoffen
steht uns der Himmel offen,
der Liebe festes Band
umschließt selbst den Verstand.

(1. Korinth. 13, 13)

EHRFURCHT

Die Ehrfurcht als ein Gütesiegel
betrachtet Furcht durch einen Spiegel,
wo Furcht allein nicht mehr besteht
und ganz in Ehrfurcht übergeht.

4. WAS BEI TIEREN ERSTAUNT

VON REGENWÜRMERN

Erde lockern, Erde fressen,
sind die einz'gen Interessen,
dazu sind sie doch gebor'n,
Erde geht so nicht verlor'n.
Kriechen sie ans Licht bei Nässe,
landen als Delikatesse
auf dem Speiseplan der Vögel
oder auch noch andrer Flegel.
Diese schlanken Regenwürmer
sind ja keine Himmelsstürmer,
überirdisch, auch unendlich,
bleiben ihnen unverständlich.
Eine Raupe, die sie trafen,
eingepuppt und eingeschlafen,
hielten sie schon für gestorben,
unbedeutend und verdorben.
Als es Zeit war und nach Wochen
kam ein Etwas rausgekrochen,
das sich Schmetterling selbst nannte
und bisher kein Wurm je kannte,
war'n die Würmer fassungslos
und das Staunen riesengroß.
Außerhalb von Mutter Erde
sie das Phänomen belehrte,
gibt es demnach noch viel Dinge,
große und auch ganz geringe,
die der Schöpfer einst erdachte,
als er Welt und Weltall machte.
Wie sich's zeigt bei Schmetterlingen,
die sich in die Lüfte schwingen,
werden Horizonte weiter
auf des Daseins Treppenleiter.

LIBELLEN

Schon seit vielen Jahrmillionen,
was die Wissenschaft erkannt,
auf der Welt Libellen wohnen,
Wasserjungfern auch genannt.
In der Luft, nah dem Gewässer,
zeigen still sie ihre Schau,
wie sie als Insektenfresser
nutzen ihren Körperbau.
Mit vier Flügeln, zarten Netzen,
steh'n sie spähend auf der Stell',
plötzlich dann zum Flug ansetzen,
50 Kilometer schnell. *(50 km/h)*
Die Beschleunigung begeistert,
denn mit 30 g vor Ort,
was ein Mensch physisch nie meistert,
schnell'n sie aus dem Stande fort.
Auf dem Kopf Facettenaugen
sind ein weit'res Phänomen,
die zum Beutefangen taugen,
weil sie rundum alles seh'n.
Noch viel Fähigkeiten stecken
in der Kuriosität,
die von Forschern zu entdecken
in dem Hightech-Fluggerät. *(der Libelle)*

* Mit vier Flügeln beschleunigen Libellen mit katapultartigen 30 g, also mit 30facher Erdbeschleunigung: g = 9,81 m/s^{-2} = m/s je s nach einem Artikel in der Freien Presse vom 24.07.2015 „Hightech seit 300 Millionen Jahren" von Christian Satorius.

SPATZEN

Fast jeder wird die Spatzen kennen,
die überall im ganzen Land,
sich hier und da auch Sperling nennen,
mit andern Vögeln sind verwandt.
Nie sind sie übers Meer geflogen
und bleiben hier – ganzjährig treu –
berichten die Ornithologen,
und sind auch gar nicht menschenscheu.
Um Nahrung von den Gartentischen
bemüh'n sie keck sich ohne Ruh',
um einen Happen zu erwischen,
so als gehörten sie dazu.
Auf Büschen sitzen sie in Schwärmen
und halten eine Konferenz,
bei der sie miteinander lärmen,
wahrscheinlich geht's um Kompetenz.
Die Neuigkeit vom Dach zu pfeifen,
wird ihnen kritisch nachgesagt,
doch solche Nachricht aufzugreifen –
aus zweiter Hand – ist sehr gewagt.
In letzter Zeit, ganz unbestritten,
trifft man die Spatzen selt'ner an,
warum das Völkchen so gelitten,
ist gar der Mensch mit Schuld daran?
Sich mit den Spatzen zu versöhnen,
hilft übrigens ein wahrer Schatz
mit engelhaften, hellen Tönen:
Im Regensburger Dom – der Spatz.

DER KUCKUCK

Er zählt zu jenen Sonderlingen
in der illust'ren Vogelschar,
die statt wie andere- zu singen –
sich präsentiert als Bühnenstar.
Eintönig ruft er seinen Namen
fortlaufend, dass er Kuckuck heißt,
das sprengt der Waldgemeinschaft Rahmen,
geht den Bewohnern auf den Geist.
Weit schlimmer sind die Dreistigkeiten,
im Grunde schamlos raffiniert,
im fremden Nest sich auszubreiten
mit eig'nen Eiern – ungeniert.
Verantwortung sich so entziehend
ist ungeheuer skrupellos
und vor dem eig'nen Nachwuchs fliehend
wirkt schäbig und charakterlos.
Doch inspiriert von seinen Spuren
ward er nun gar zum Haus-Tyrann,
der lauthals in geschnitzten Uhren
gibt Tag und Nacht die Uhrzeit an.
Des Kuckucks Rufen auf die Dauer
empfindlich auf die Nerven fällt,
besonders nachts wird jeder sauer
und wünscht, dass er die Klappe hält.
Er ist das schwarze Schaf der Vögel
und lebt mit seinem schlechten Ruf
als unverbesserlicher Flegel,
wie ihn der Herrgott halt so schuf.

SCHAFE

Das Schaf lebt lang' schon auf der Erde,
ganz anspruchslos, kennt keine List,
als Haustier oder in der Herde,
wo's unverdrossen Gras nur frisst.
Die Herde folgt stets ihrem Hirten
und seinem Hund, der sie beschützt,
weil ohne ihn sie sich verirrten,
was ihren Feinden schließlich nützt.
Die Wolle, die sie mit sich tragen,
verlieren sie durch eine Schur,
verarbeitet nach Jahr und Tagen
wärmt sie den Mensch als Stück Natur.
Das „Schwarze Schaf" tanzt aus der Reihe,
wobei es tierisch rebelliert,
vielleicht blökt es ein „Mäh – verzeihe!"
und bleibt doch weiterhin borniert.
Ganz ähnlich reagiert der Hammel
in einer Hammelherde gar,
dabei denkt mancher an den Bammel,
wo er ein Teil von dieser war.
Für'n dummes Schaf wird der gehalten,
der sich allein nicht wehren kann,
er ist drum innerlich gespalten,
wenn's was zu tun gibt, ist er dran.
Wo immer wir auch Schafe sehen,
sei's auf dem Lande, sei's zu Haus',
sie geben wortlos zu verstehen:
Es geht auch ohne Saus und Braus.

HUNDE

Ein jeder Hund auf dieser Welt
sagt, was er will, wenn er laut bellt
und manchmal gibt er den Befund
schwanzwedelnd noch durch Jaulen kund.
Die Rassen, deren's viele gibt,
sehr unterschiedlich sind beliebt.
Vom Schoßhund bis zum Ungeheuer
wird auch bedacht die Hundesteuer.
Entscheidend ist jedoch der Grund,
weshalb ein Mensch kommt auf den Hund,
ob in der Großstadt, auf dem Land,
hier angeleint, dort ohne Band,
als Wächter oder nur als Lackel,
als Blindenhund und Försters Dackel,
ein Boxer, Pudel oder Spitz,
untrennbar wie beim Alten Fritz.
Mit dickem Fell, ob flaumig glatt,
ein jeder seinen Stammbaum hat,
den Herr und Frauchen respektieren,
den Liebling ja nicht zu verlieren.
Zur Vorsicht wird hier noch gebeten,
dem Tier nie auf den Schwanz zu treten,
was unter Menschen auch als Lehre
im Umgang zu beachten wäre.
Denn schlimm ist's, kommt es gar zum Biss,
vor dem ein jeder hat echt Schiss.

PETRI HEIL

Auch wenn es nicht an Nahrung mangelt,
so mancher Angler trotzdem angelt.
Dabei ist es ihm ein Vergnügen,
den Fisch mit Ködern zu betrügen.
Mit einem kleinen Würmchen nur
am Haken seiner Angelschnur
lockt er bewusst verführerisch
den ahnungslosen, stummen Fisch.
Der Angler sucht die Einsamkeit,
geduldig wartend lange Zeit,
bis er an seiner Rute spürt:
Den Haken hat ein Fisch berührt,
den er sogleich nach oben bringt,
weil zappelnd der ums Leben ringt.
Des Anglers Mitleid bremst sein Glück,
er wirft ins Wasser ihn zurück,
will künftig keinen mehr verletzen,
fängt Fische seitdem nun mit Netzen.
Der alte Gruß – das „Petri Heil" –
ward hier zugleich dem Fisch zuteil.

KATZ'- UND MAUSESPIEL

Hinterm Haus im kleinen Garten
seh' ich einen Kater warten,
der am Abend ausgegangen,
um sich eine Maus zu fangen.
Schon nach wenigen Minuten,
wie nicht anders zu vermuten,
trippelt grad an dieser Stelle
eine Maus im grauen Felle.
Sie verweilt noch im Spazieren,
denkt, ihr könnte nichts passieren.
Auch der Kater – ohne Eile –
sieht nach ihr noch eine Weile,
bis er sich entschließt zu springen,
ohne sie gleich umzubringen.
Er beginnt im alten Stil
nun das Katz'- und Mausespiel.
Tätschelt sie mit beiden Pfoten,
schiebt sie vor sich her am Boden,
dann, als würden Freunde raufen,
lässt er sie noch einmal laufen.
Und das Mäusefräulein Liesel
kann so flink sein wie ein Wiesel,
schlüpft sogleich, man sieht es kaum,
durch des Zaunes Zwischenraum.

Doch jetzt zeigt er seine Krallen,
denn das hat ihm nicht gefallen,
will sich durch die Latten zwängen,
bleibt mit seinem Kopfe hängen
und versucht – ach wie fatal –
die Verfolgung zwei-dreimal.
Als er dann ein Loch gefunden,
ist das Mäuschen schon verschwunden
und das Spielchen Katze-Maus
geht zu Liesels Gunsten aus.

TIERISCHE REDENSARTEN

Mensch und Tier auf unsrer Erde,
einzeln oder auch als Herde,
eng verbunden je nach Art,
ob robust, ob eher zart,
lernten damit umzugehen,
auf Bedürfnisse zu sehen,
allgemein recht routiniert,
auch bisweilen kompliziert.
Manche dieser Episoden
schien ein Gag der neuen Moden,
die bis heute aufbewahrt
als bekannte Redensart.

„Gäulen nicht ins Maul zu schauen":
Den Geschenken zu vertrauen.
„Katzen nicht im Sack zu kaufen":
Solch ein Kauf ist dumm gelaufen.
„Einen Bock zum Gärtner machen":
Fehlbesetzung ist zum Lachen.
„Eulen nach Athen zu tragen":
Reichtum häufen sozusagen.
„Einen Bärendienst erweisen":
Schritte, wenn sie falsch, entgleisen.
„Andern einen Vogel zeigen":
Seinen Unmut nicht verschweigen.
„Ohne Wissen, wie ein Hase":
Dumm sich stellen, wie zum Spaße.
„Schließlich vor die Hunde gehen":
Ganz am Boden sich zu sehen.

Redensarten solcher Sorte –
der Symbolik klaren Worte –
sind verfasst mit spitzer Feder
gar ein Stimmungsbarometer.

5. WAS HEIßT „SCHREIB MAL WIEDER"

WORTGEBINDE

Ob in Sträußen, in Gebinden,
als Girlande oder Kranz,
Blumen grüßen und sie finden
die gewünschte Resonanz.
Freude – gleichermaßen bringen
Worte – inhaltsvoll und schlicht,
die bis in die Herzen dringen,
was für ihre Liebe spricht.
Einfühlsame Wortgebinde
fragen nach Geborgenheit,
sie verfliegen nicht im Winde,
überdauern Raum und Zeit.
Wortgebinde reflektieren,
sprechen Wesentliches aus,
grüßen und sie fabulieren
als Poeten-Blumenstrauß.

MIT FREUNDLICHEN GRÜßEN

Die Behördenbriefe schließen
ohne Herzlichkeit und Schmus,
wenn sie manchmal auch verdrießen,
freundlich endet meist ihr Gruß.
Freundesbriefe grüßen herzlich,
überbrücken Raum und Zeit,
selbst wenn eine Nachricht schmerzlich,
zeigen sie Verbundenheit.
Liebesbriefe, die pathetisch,
geh'n zu Herzen bis zum Schluss,
ist ihr Inhalt gar poetisch,
gibt's zum Abschied einen Kuss.
Und im Aneinanderdenken,
das mit „Gott befohlen" schließt,
kann ein Brief auch Kräfte schenken:
Zuversicht, die daraus fließt.
So wird jeder Gruß zum Zeichen
deiner selbst im schlichten Wort,
Menschen wirklich zu erreichen,
wie entfernt auch sei der Ort.

GLÜCK- UND SEGENSWÜNSCHE

Glück- und Segenswünsche zeigen,
dass man aneinander denkt
und im ehrenden Verneigen
Liebe und Beachtung schenkt.
Glück ist mancherlei zu nennen,
was für jeden steht bereit.
Wichtig ist, es zu erkennen
in der ruhelosen Zeit.
Glück sind Sonnenschein und Regen,
Glück sind Freunde nah und fern,
Wandern auf ganz stillen Wegen,
sich erfreu'n an Mond und Stern'.
Glück sind Blumen, Wiesen, Wälder,
die gesamte Kreatur,
auch das Wogen reifer Felder,
die Musik in Moll und Dur.
Glück sind Bücher, stille Stunden,
Tage ohne Lärm und Streit,
wenn zwei Menschen sich gefunden,
Harmonie und Zweisamkeit.
Nicht zuletzt auch Kinderlachen
und Gesundheit sind ein Glück.
So kann vieles glücklich machen,
blickt man dankbar mal zurück.
Segen jedoch – diese Bitte –
kommt aus Gottes reicher Hand.
ER sei immer unsre Mitte,
bleib uns gnädig zugewandt.

SCHREIB MAL WIEDER

An jedem Haus in West und Ost
gibt's einen Kasten für die Post,
für Karten, Briefe und dergleichen,
die uns aus Nah und Fern erreichen.
In letzter Zeit bleibt er oft leer,
die Leute schreiben ja nicht mehr.
Trotzdem wird er nicht abmontiert,
denn schließlich hat's dazu geführt,
dass Werbung, die niemand bestelle,
den Kasten füllt als Werbequelle.
Dabei platzt ihn an manchen Tagen –
ob der Reklame – fast der Kragen,
Verzicht auf Werbung – bitte sehr –
heißt für den Kasten, er bleibt leer,
es sei denn, dass man treu und bieder
den Ruf beherzigt: „Schreib mal wieder!".

ZWISCHEN DEN ZEILEN LESEN

Hinter Worten, zwischen Zeilen
lauern unbeseh'n,
deshalb gilt es, zu verweilen
und dem nachzugeh'n.
Ernstes, Heit'res zu erraten,
deren Text verhüllt,
ohne wissentlichen Schaden,
Zwischenräume füllt.
Was ein Kobold oder Meister
sorgsam überdeckt,
was er mehr und minder dreister
rätselhaft bezweckt.

AMTSDEUTSCH

Deutsche Sprache – ungebrochen –
die von klein auf jeder kennt,
ob geschrieben, ob gesprochen,
alles klar beim Namen nennt.
Leider hat sich eingeschlichen
„Amtsdeutsch" im Gesetzestext.
Guter Ausdruck ist gewichen
und so manche Blüte wächst,
die sich fortpflanzt in Behörden
und dort zu gefallen scheint,
denn man fragt oft beim Gehörten:
„Was ist eigentlich gemeint?".
ABLICHTUNGEN sind Kopien,
auf die jedes Amt verweist.
Pflegekinder aufzuziehen –
kurz BEELTERUNG jetzt heißt.
Und die LICHTZEICHENANLAGEN
sind als Ampeln altbekannt,
Briefe statt der Marken tragen
POSTWERTZEICHEN – rechts am Rand.
EINFRIEDUNGEN, die NICHT LEBEND,
sind ein Zaun, einfach und schlicht.
BLOCKBESCHULUNG – wie erhebend –
steht nun für Blockunterricht.

Die VEREINZELUNGSANLAGE
FÜR PERSONEN – wie charmant –
ist ein Drehkreuz ohne Frage,
aufgestellt in Stadt und Land.
LUFTVERLASTUNG ist entstanden
als ein neues Doppelwort
und ersetzt den schon bekannten
Ausdruck Hubschraubertransport.
Eine KUH als GROßVIEHEINHEIT,
die nur RAUFUTTER VERZEHRT,
grenzt im Grunde an Gemeinheit,
denn die Kuh ist uns viel wert.
GROßGRÜN, das RAUMÜBERGREIFEND,
ist nichts weiter als der Baum –
wie pathetisch und ausschweifend –,
noch geschwoll'ner geht es kaum.
Ominös – höchst theatralisch –
wächst statt Unkraut, welch ein Hohn,
ungewollt, echt bürokratisch
die SPONTANVEGETATION.
Dieses Kauderwelsch zu ändern,
offen oder auch verdeckt,
gibt es in den Bundesländern
nun ein eigenes Projekt,
wo ein Kreis von Germanisten
solchem Stuss den Kampf ansagt,
diesen Unfug aufzulisten,
der an unsrer Sprache nagt.

POSTLEITZAHLEN

Die Zahlen, die fünfstellig,
geordnet von der Post,
bezeichnen augenfällig
Ortschaften West und Ost.
Die Teilung nach Leitzonen
von 0 bis 9 getrennt,
gegliedert in Regionen,
Deutschlands Gemeinden nennt.
Auch etwas Heimatkunde
verbirgt die Postleitzahl,
sucht innerhalb der Runde
die Landschaft regional.
Was sich die Post erdachte,
erleichtert den Versand,
wenn's jeder richtig machte,
korrekt und mit Verstand.
Bei einem Zahlendreher
beweist es jeder Test:
Der „Oberbriefaufseher"
sich auf den Ort verlässt.
Zu leiten ohne Leitung
als Selbstlauf-Ideal
ergab die Aufbereitung
das treffende Signal,
mit dem dieses Verfahren,
was sich die Post beschert:
„Durch Preiserhöhung sparen",
weil's ihr niemand verwehrt.

SO ODER SO

Die handeln und die dichten,
das ist der Lebenslauf,
der eine macht Geschichten,
der andre schreibt sie auf,
und der will beide richten,
so schreibt und treibt sich's fort,
der Herr wird alles schlichten,
verloren ist kein Wort.

Joseph Freiherr von Eichendorff

GESCHICHTEN UND GEDICHTE

Geschichten und Gedichte
bezieh'n sich von jeher
auf Spuren der Geschichte,
verlaufend kreuz und Quer
im Labyrinth der Zeiten,
wo jeder neue Satz
befragt, um zu entscheiden,
ob ihm gebührt ein Platz
im Kanon der Geschichte,
dem weit verzweigten Raum
als eines der Gedichte
und der Geschichten Traum.

6. WAS BLEIBT – BEWAHREN UND LOSLASSEN

WAS BLEIBT

Das Geschehen eines Lebens
gibt in bunten Bildern preis,
was erfüllt war, was vergebens –
bange Nächte, Mut und Fleiß.
Freunde, deren Bund bereichert,
uns zur Seite immer treu,
Christi Botschaft, lang gespeichert,
zu erfahren täglich neu.
Irrtum auch und manche Tiefen,
nicht zuletzt die eigne Schuld,
überdachte Perspektiven,
wie der Mangel an Geduld.
Alles Gute zu bewahren
einer langen Lebenszeit,
loszulassen, was erfahren,
mündet in der Dankbarkeit.

BUCH DES LEBENS

Was gewesen, was geblieben
Jahr um Jahr,
sauber bleibt es aufgeschrieben –
offenbar.
Alles Stille, alles Laute,
pure Pracht,
alles mühsam Aufgebaute,
was erdacht.
Großes und die kleinen Dinge,
auch manch' Schuld,
ob erheblich, ob geringe –
Ungeduld.
Irrtum und was schien vergebens –
nicht zuletzt –
finden Platz im Buch des Lebens
eng vernetzt.
Gott – der du uns eingeladen
vor der Zeit –
führ uns dennoch dann aus Gnaden
in die Ewigkeit.

ALTERSWEISHEIT
(siehe auch Pred. Salomo, Kap. 12)

Wenn Einer, der schon hochbetagt,
sich noch des Lebens freut,
nicht jeden Schmerz sogleich beklagt
und keinen Tag bereut,
der Schwächerwerden eingesteht,
für fremde Hilfe dankt,
sich zumutet, was grad noch geht,
entschlussfähig nicht schwankt,
der sich an jedem Sonnenstrahl
erwärmt, die Menschen liebt
und weiß, dass es im „Jammertal"
auch Höhepunkte gibt,
vertraut auf seines Schöpfers Plan,
dem Lob und Ehr' gebührt,
was Gott schon längst für uns getan
und uns zum Ziele führt.

FORTSCHRITT HIEßE...

Fortschritt – Metamorphosen –,
Glaubensbekenntnis der Welt,
ist an Grenzen gestoßen
und in Frage gestellt.
Denn die Faszinationen
fordern für alles den Preis,
niemand und nichts verschonen,
wie man inzwischen weiß.
Erde hat genug gelitten,
den Zenit schon überschritten
und im Leid getrauert.
Vor dem Abgrund sich zu wehren
hieße Fortschritt – Umzukehren –,
dass die Welt fortdauert.

LOSLASSEN

Wie die Bäume alle Blätter –
ihr so schmuckes, grünes Kleid –
jeden Herbst bei Wind und Wetter
loszulassen sind bereit.
Wie sie niemals drüber klagen,
standhaft bleiben in Geduld,
neue Hoffnung in sich tragen,
ohne Zuweisung von Schuld
können sie ein Beispiel geben,
wenn es zu entsagen heißt,
dass sich im Verzicht das Leben
trotzdem als Geschenk erweist.
Loszulassen birgt am Ende
gar noch einen tief'ren Sinn,
eine positive Wende,
führt zum Gottvertrauen hin.

STOPP

Lebenstüchtig, dabei heiter,
hoffend, dass es geht so weiter,
bremst inmitten vom Galopp
unerwartet schnell ein „Stopp",
der nicht nur „Halt ein" bedeutet,
sondern die Zäsur einläutet,
die uns durcheinander bringt,
zur Besinnung sogleich zwingt.
Schmerzen und die Wundverbände
sind die Zeichen einer Wende
dieser unerwünschten Lage
mit der tief schürfenden Frage
nach dem Sinn von diesem Stopp,
der viel mehr ist als ein Flop.
Solchen Einschnitt zu ergründen,
einen Sinn darin zu finden,
bleibt nur ein Gedankenspiel,
das höchst selten führt zum Ziel.
Gottes Weisheit kann allein
späterhin erkennbar sein.

Kerzen, die still niederbrennen

Kerzen, die still niederbrennen
mit der Flamme heißen Glut,
sich zu der Passion bekennen:
Hell zu leuchten, als Tribut
in dem Licht sich ganz verzehren,
wärmen bis zum Ende hin,
Atmosphäre zu gewähren,
wo Verlust führt zum Gewinn.
Kerzen, die still niederbrennen
mit der Flamme heißen Glut,
lassen demütig erkennen,
was in ihrer Mitte ruht.
Seit zur Weihnacht ist erschienen
Gottes Licht mit hellem Schein,
um in Dunkelheit zu dienen,
„Licht der Welt" für uns zu sein.

NICHT NUR IN DER WEIHNACHTSZEIT

Lasst uns Gott den Herrn anbeten –
nicht nur in der Weihnachtszeit –
und in Ehrfurcht vor ihn treten,
der uns aus Barmherzigkeit
Christus, den Erlöser sandte
in die schuldverstrickte Welt,
um zu lösen alle Bande
und was uns gefangen hält.
Lasst uns Jesu Christ anbeten –
Licht in aller Dunkelheit –
und an seine Krippe treten
voll Vertrau'n und Dankbarkeit,
damit auch die Weihnachtslieder
münden in den Lobgesang,
wie bisher und immer wieder –
ihm zur Ehre – lebenslang.

AM UFER

Nicht weit
scheint das Ufer
am Strom meiner Zeit.
Wann kündet der Rufer
vom anderen Ufer:
Halt dich bereit!
Fährmann
hol über,
begleit' mich hinein
ins andere Sein,
was Gottes Botschaft
denen verheißt,
die hier ihm vertrauen
durch seinen Geist.
Lenk du meine Schritte,
erhöre die Bitte
mein Gott,
der mich bewahrt
zur letzten Fahrt.

UMSONST

„Umsonst!" – So stöhnt manch' Klage,
nachdem ein Werk misslang,
um das man viele Tage
mit hohem Einsatz rang.
Umsonst scheint alles Hoffen,
dass es bald besser wird,
enttäuscht und tief betroffen
sind, die sich selbst geirrt.
Umsonst denkt und verzweifelt
ein echter Nihilist,
der Hoffnungen verteufelt,
weil alles sinnlos ist.
Umsonst jedoch zu haben,
weil Gott die Menschen liebt,
sind SEINE Gnadengaben,
die ER umsonst uns gibt.

VERBORGENE ZUKUNFT
(am Jahresbeginn 2017)

Das neue Jahr steht vor der Tür
mit einem ängstlichen Gespür
im Warten auf das „Morgen",
noch dunkel und verborgen.
Die Welt scheint außer Rand und Band,
wo Kriege ziehen über's Land,
zerstörend Städte und Natur,
die Menschen samt der Kreatur,
verbreitend Hass, rohe Gewalt
und keiner ist bereit zum Halt,
um einen Weg zu finden,
ein Friedenslicht zu zünden.
Und Gott, der Herr von dieser Welt,
der sie doch stets in Händen hält,
er kennt ja alles Sorgen,
hält sich auch ER verborgen?
Wo Gott für uns verborgen bleibt,
sein ew'ges Wort den Tag beschreibt,
da er regiert wie's ihm gefällt,
im Frieden seiner „Neuen Welt"
und alle vor ihn treten,
die hier schon zu ihm beten.

AM ALTJAHRESABEND
(2017)

Zukunft – dieses Unbekannte –
steht am Abend vor der Tür,
altes Jahr – das Sogenannte –
hinterlässt ein Angstgespür.
Sorgen und diverses Bangen
um das Leben und die Welt,
was Gewalt und Hass bezwangen,
Kriegsgeschrei, das schmerzt und quält.
Bleiben Menschen je die gleichen
wie ein Baum bleibt, was er ist?
Jahreszeiten setzen Zeichen
mit naturverbund'ner Frist.
Auch der Mensch in seinem Wesen
soll nach seines Schöpfers Plan
durch Vertrauen neu genesen,
wenn in Liebe Gut's getan.
Wie die Zukunft wird gelingen
für dich selbst und für das Land,
glaube fest – in allen Dingen –,
liegt's in des Allmächt'gen Hand.

QUELLE DES LEBENS

Du Quelle des Lebens
und Herr dieser Welt
hast gnädig in Christus
dich zu uns gestellt.
Lebendiges Wasser
wird denen zuteil,
die dürsten nach Wahrheit,
Versöhnung und Heil.
Umsonst sind die Gaben,
die Gott hält bereit,
umsonst sind zu haben
sein Wort, sein Geleit.
Du Quelle des Lebens
fließ in uns hinein,
um in dir verwurzelt
wie ein Baum zu sein.

GEDANKEN ZUR JAHRESLOSUNG 2018 *

Bunt sind die Angebote,
die diese Welt verspricht,
krass die Gewinnerquote,
die in die Augen sticht.
Dazu die vollen Kassen,
nicht Armen zugedacht –
Gesellschaft ohne Klassen –
als Utopie verlacht.
Umsonst ist nichts zu haben,
das ist längst jedem klar,
selbst vieler Spender Gaben
versickern Jahr um Jahr.
Doch sprudelt eine Quelle
umsonst zu aller Zeit,
sie steht als Wasserstelle
für Durstige bereit
und stillt den Durst nach Leben,
erfüllt von Gottes Geist,
den er allein kann geben,
womit er alle speist,
die bittend vor ihn treten
und um solch' Wasser beten.

* Gott spricht: „Ich will dem Durstigen geben
von der Quelle des lebendigen Wassers
umsonst." (Offenb. 21, 6)

Textveröffentlichungen von E. W.

„Nachlese"
Gedichte 2007

„Wegzeichen unter Gottes Geleit"
Gedichte 2008 und 2009 (erschienen im Verlag Eltern und Kinder, Gera)

„Gedankensprünge"
Gedichte 2009

„... doch zuletzt bleibt ein Danke"
Gedichte 2011

„Innehalten"
Gedichte 2015 (erschienen im Verlag Books on Demand, Norderstedt)

Fotonachweise

Teresa Rothe: Seite 41, Cover vorn und hinten
Katharina Rothe: Seiten 7, 50, 61
Ulrike Rothe: Seite 71
Gabriele Fichte: Seite 21
Zu dem Foto auf Seite 7 wurde die Erlaubnis vom Hersteller der Tafeln Harald Bretschneider – In Stein gehauen und Bronze gegossen – erteilt.

Alle Rechte liegen beim Autor E. W.

Bibliografische Information der Deutschen Nationalbibliothek

Die Deutsche Nationalbibliothek verzeichnet diese Publikation in der Deutschen Nationalbibliografie; detaillierte bibliografische Daten sind im Internet über http://dnb.de abrufbar.

© 2018 Ehrenfried Winkler

Umschlaggestaltung, Herstellung und Verlag: BoD – Books on Demand

ISBN 978-3-7460-9043-6